© 2014 Publicações Pão Diário
Todos os direitos reservados.

Todos os artigos são adaptados das meditações do Pão Diário.

As citações bíblicas são extraídas da edição Nova Tradução da Linguagem de Hoje © 2005 Sociedade Bíblica do Brasil.

Escritores:
Chia Poh Fang, Connie Cheong, Chung Hui Bin, Lillian Ho, Khan Hui Neon, Catherine Lee, Sim Kay Tee, Mary Soon, Song Shuling, Stephanie Tan, Tham Han Xim, Yong Soo Li

Tradutores:
Cordélia Willik, Lilian Steigleder Cabral

Editores:
Alyson Kieda, Rita Rosário, Thais Soler

Desenho gráfico:
Narit Phusitprapa, Day Day, Mary Tham, Audrey Novac Ribeiro

Diretor de arte:
Alex Soh

Modelos ilustrativos:
King's Kid, Educational Toys & Decorations, Chang Mai, Thailand

Publicações Pão Diário
Caixa Postal 4190,
82501-970, Curitiba/PR, Brasil
publicacoes@paodiario.org
www.publicacoespaodiario.com.br
Telefone: (41) 3257-4028

Código: C4563
ISBN: 978-1-60485-916-4

2.ª impressão: 2016
3.ª impressão: 2020

Impresso na China

Você sabe qual o significado do Natal? Essa data traz muita alegria, porque foi Jesus quem tornou possível sermos filhos de Deus. É o dia em que comemoramos o nascimento de Jesus, o maior presente de Deus para nós.

Você sabia que um anjo apareceu aos pastores para avisá-los de que Jesus tinha nascido? Sabia que Ele nasceu dentro de um estábulo? Vire a página para aprender mais detalhes sobre essa história. Boa leitura!

Para aproveitar bem esta leitura, siga estes quatro passos fáceis e divertidos.

Passo 1: Uma vez por semana, invista o seu tempo nesta leitura e no texto bíblico indicado.

Passo 2: Torne a Palavra de Deus parte de sua vida. "Para memorizar" e os passatempos serão um bom começo. Há melhor maneira de memorizar a Bíblia?

Passo 3: Reforce a lição, permitindo que a criança "Experimente" por meio das simples brincadeiras ou atividades. Grandes e pequenos, observem as instruções!

Passo 4: Encoraje a vida de oração, ajudando a criança a conversar sobre as lições aprendidas com o texto bíblico. "Falando sobre" traz as ferramentas úteis para tal aprendizado.

Deus deseja que Seus filhos aprendam a conhecê-lo melhor e que correspondam ao Seu amor. Que as f_____s deste livro abrilhantem o seu _____onamento com Deus e com os outros.

Um presente prometido

Você já fez uma promessa a alguém e conseguiu cumprir? Às vezes, não cumprimos as nossas promessas, mas Deus, sempre as cumpre. Muitos anos atrás, Ele nos prometeu um presente muito especial e maravilhoso — Seu Filho. Ele é o nosso Conselheiro Maravilhoso, Deus Poderoso, Pai Eterno e Príncipe da Paz. Jesus nasceu para cumprir essa promessa e Ele quer ser nosso amigo para sempre.

Leitura: Isaías 9:6-7
"Um presente prometido" de *Pão Diário*

Para memorizar

Feche um dos olhos, segure este livro horizontalmente, e leia-o ao nível dos seus olhos.

Nasceu uma criança que será o nosso rei.

Isaías 9:6

Experimente!

Prometendo um presente de amor

Vou fazer um cartão de Natal para mamãe e papai.
Nele, vou escrever o que farei para agradá-los e demonstrar que os amo. O que será?
Por exemplo, vou agradá-los...

- Comendo toda minha salada.
- Arrumando minha cama.
- Fazendo meu dever de casa.

Prometendo um presente de amor

Algumas vezes as pessoas quebram suas promessas porque mudam de ideia ou porque não têm como cumpri-las.

Não é assim com Deus. Ele quer e pode cumprir Suas promessas.

Falando sobre

Pergunte à criança o que ela sente quando alguém não cumpre uma promessa. Ajude-a a compreender que, quando Deus faz uma promessa, Ele a cumpre, não importa quanto tempo leve.

Jesus nasceu

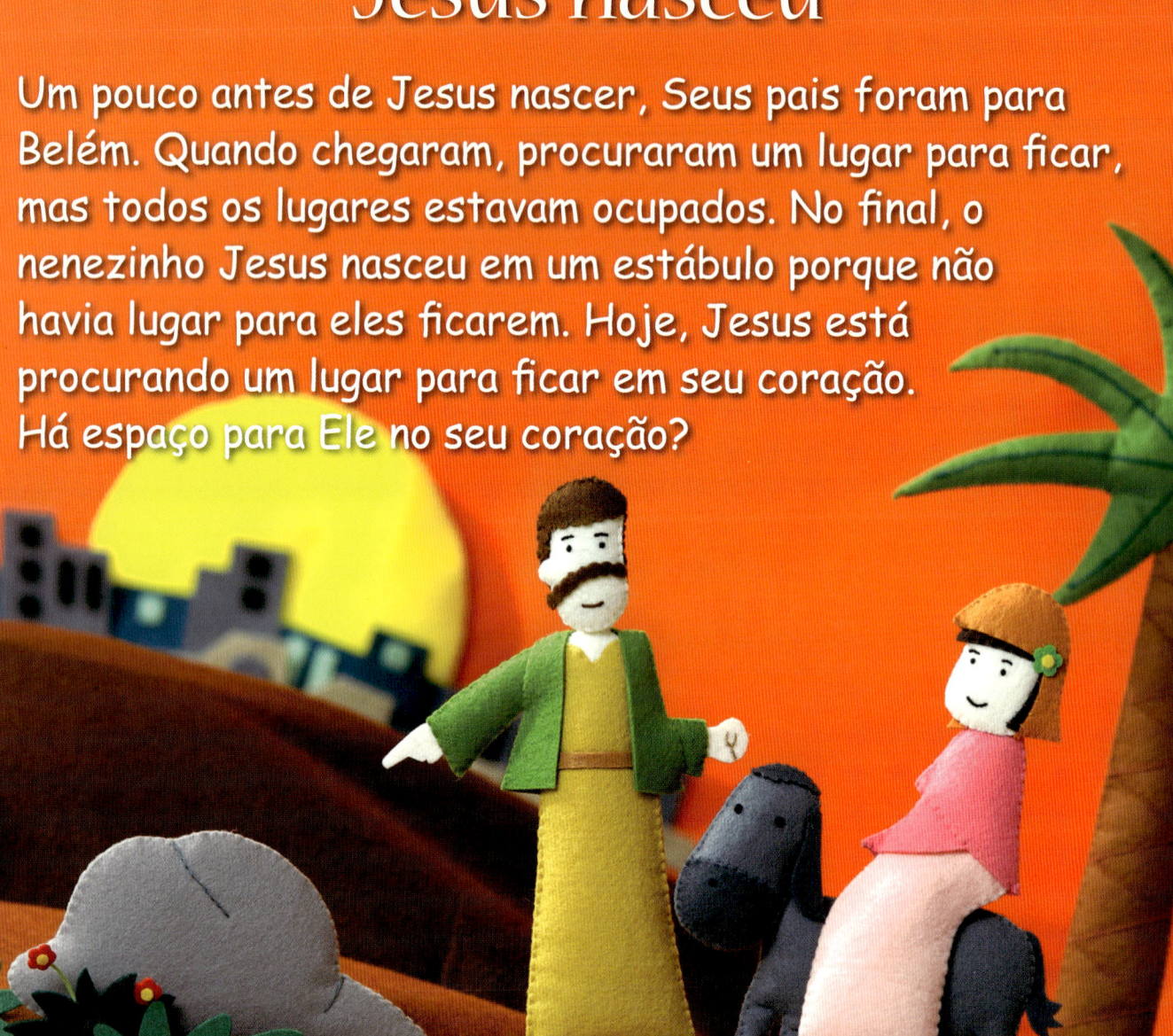

Um pouco antes de Jesus nascer, Seus pais foram para Belém. Quando chegaram, procuraram um lugar para ficar, mas todos os lugares estavam ocupados. No final, o nenezinho Jesus nasceu em um estábulo porque não havia lugar para eles ficarem. Hoje, Jesus está procurando um lugar para ficar em seu coração. Há espaço para Ele no seu coração?

Leitura: Lucas 2:1-7
"Lugar para Jesus" de *Pão Diário*

Para memorizar

Descubra as palavras abaixo e preencha os espaços em branco. Por exemplo: OLFHI=FILHO

Maria deu à luz o seu primeiro filho. _____¹ o menino em panos e o deitou numa _____², pois não havia lugar para eles na _____³.

Lucas 2:7

Dicas:
1. LRUONEO
2. RDEOMAJNAU
3. SOPNEÃ

Experimente!

Abrindo espaço

Tenho um pote cheio de doces e miniaturas de bichinhos de pelúcia. Quando minha mãe ou pai me entregam outro doce ou brinquedo para colocar dentro do pote, preciso decidir o que tirar dele, antes de colocar o novo presente.

Abrindo espaço

Para abrir espaço para alguém, precisamos retirar os empecilhos do caminho. Jesus quer entrar em seu coração. Quais os empecilhos que podem ser retirados?

O maior empecilho é o nosso pecado. Quando pedimos perdão a Deus, abrimos espaço para Jesus.

Falando sobre

Pergunte à criança como é possível abrir espaço para Jesus em seu coração. De que maneira é possível seguir Jesus obedecendo ao que Ele diz?

Boas-novas!

Deus quer que todos: ricos ou pobres — bons ou maus, conheçam o Seu amor. Na noite em que Jesus nasceu, Deus enviou um anjo para avisar os pastores. Muitas pessoas não gostavam dos pastores, mas Deus se importava com eles. O anjo veio para dizer-lhes onde encontrar Jesus. Assim como Deus se importa com eles, se importa com você também. Deus deseja que você o encontre. E você, quer encontrá-lo?

Leitura: Lucas 2:8-15
"Os pastores" de *Pão Diário*

Para memorizar

Preencha os espaços em branco:

Lucas 2:11

Hoje mesmo, na cidade de Davi, nasceu o

1. ☐☐☐☐☐☐☐☐

de vocês — o

2. ☐☐☐☐☐☐☐

o

3. ☐☐☐☐☐☐

Dicas:
Use o espelho e descubra o segredo!

1. Salvador
2. Messias
3. Senhor

Experimente!

Procurando Faíscas

Peça para alguém esconder este livro. Em seguida, vá procurá-lo. Peça à pessoa que dê dicas para ajudá-lo a encontrar o livro *Faíscas*.

Procurando *Faíscas*

Assim como você precisou de ajuda nesta brincadeira para encontrar este livro, precisamos de ajuda para encontrar Deus. Nós podemos encontrá-lo quando oramos e lemos a Bíblia. Você já o encontrou?

Deus prometeu que se nós o procurarmos, encontraremos.

Falando sobre

Ore com a criança e agradeça a Deus por nos amar e nos ensinar como podemos encontrá-lo.

Nascido com um propósito

O Natal é a celebração do nascimento de Jesus. Você sabe por que celebramos? Jesus nasceu com um propósito — ajudar a nos tornar filhos de Deus. Mas antes de nos tornarmos Seus filhos, precisamos do perdão de Deus, pois todos pecaram, e nós fazemos coisas erradas. Jesus nasceu para que os nossos pecados fossem removidos. Dessa maneira, podemos receber o perdão de Deus e nos tornarmos Seus filhos.

Leitura: Mateus 1:18-25
"Nasceu para morrer" de *Pão Diário*

Para memorizar

Faltam algumas vogais no versículo.
Complete corretamente os espaços em branco.

El___ t___rá um men___no,

e voc___ p___rá n___le

o n___me de J___s___s,

po___s ___le s___lv___r___

o s___u p___vo d___s

p___c___d___s del___s.

Mateus 1:21

Experimente!

Agradar ou congelar

Seguro um doce em minha mão e o escondo atrás, nas costas. Mamãe e papai vão tentar adivinhar em qual das mãos o doce está. Se acertarem, ganharão um beijo meu. Se errarem, terão que ficar virados para a parede por dez segundos. Depois de dez tentativas, direi a eles quantos beijos e "punições" têm para receber.

Agradar ou congelar

O propósito da vinda de Jesus foi nos salvar dos nossos pecados. Isso Ele fez pagando todo o preço do pecado.

Ajude a criança a entender esta importante lição, perguntando-lhe se está disposta a pagar todos os "castigos" por você. Observe a reação da criança.

Falando sobre

Jesus nos ama. Ele está disposto a levar os castigos do pecado por nós. Você deseja que Jesus tome o seu lugar e o salve do seu pecado? Se quiser, diga isso a Ele.

Deus deu Seu único Filho

A história do Natal fala do nascimento do bebê Jesus. Ele cresceu para nos salvar dos nossos pecados e para nos tornar filhos de Deus. Quando nos tornamos filhos de Deus, nossas vidas mudam para sempre. Você deseja ser filho de Deus? Permita que Jesus seja o seu melhor amigo hoje! Siga-o, obedecendo aos Seus mandamentos escritos na Bíblia.

Leitura: João 3:13-18
"O bebê cresceu" de *Pao Diário*

Para memorizar

Você consegue decifrar o versículo? Preencha os espaços.

_____ _____

_____

_____ _____

João 3:16

Dicas:
tanto / que deu / o seu único Filho / amou o mundo / Porque Deus

Experimente!

A corrida da pimenta

Vou encher uma tigela com água até a metade. Em seguida, vou salpicar pimenta-do-reino em pó para cobrir levemente a superfície da água. Aí, vou mergulhar um palitinho em detergente líquido e colocá-lo na água, no meio da tigela. O que acontecerá com a pimenta?

A corrida da pimenta

Assim como a pimenta "corre" rapidamente para os lados da tigela, deixando a água no centro limpa, quando deixamos Jesus entrar em nossas vidas, Ele afasta as sujeiras do pecado. Ele quer que a nossa vida seja limpa e pura.

Falando sobre

Converse com a criança sobre as maneiras de seguir Jesus, obedecendo a Bíblia.

Falando de Jesus aos outros

É maravilhoso celebrar o Natal. Mas quando passa, voltamos às atividades rotineiras como ir à escola e fazer as lições. Então, o que há de tão especial no Natal? Quando reconhecemos Jesus como o nosso melhor amigo o Natal torna-se um dia especial. Sendo o seu melhor amigo, Jesus estará sempre com você.

Leitura: Lucas 2:15-20
"De volta ao trabalho" de *Pão Diário*

Para memorizar

Cada coração em branco representa uma palavra. Preencha cada coração branco com a cor certa.

Lucas 2:20

Dicas:

- campos
- anjo
- ouvido
- louvor
- acontecido
- pastores

Então os ♥ voltaram para os ♥, cantando hinos de ♥ a Deus pelo que tinham ♥ e visto. Tudo tinha ♥ como o ♥ havia falado.

Experimente!

Não é mais o mesmo

Minha mãe, ou pai, colocou um ovo cozido e um cru sobre a mesa. Será que consigo dizer qual deles é o ovo cozido, só de olhar? Para descobrir a diferença, vou girar o ovo e prestar bastante atenção nos movimentos. O ovo que girar bem está cozido. Se balançar ou girar devagar está cru.

Não é mais o mesmo

Os ovos podem parecer iguais. Mas, como por dentro são diferentes, produzem resultados diferentes.

Jesus é o coração do Natal. Com Ele em nossos corações, todos os dias podem ser tão cheios de alegria como o Natal.

Falando sobre

Mesmo quando o dia de Natal passa e precisamos voltar às nossas rotinas diárias, podemos levar Jesus conosco e nos alegrar sempre com a Sua presença. Compartilhe com a criança algumas ideias sobre como ficar perto de Jesus.

Presentes de aniversário para Jesus

Nos aniversários, sempre damos presentes para o aniversariante. O que você pode dar para Jesus neste Natal? Você já preparou seu presente para Ele? O que você quer lhe dar? Um presente é como uma janela para o seu coração, e demonstra o quanto você ama Jesus. Você pode entregar-se a Ele. E se você já pertence a Jesus, pode ouvir o que Ele diz.

Leitura: Mateus 2:1-2,9-12
"Um presente ideal" de *Pão Diário*

Para memorizar

O versículo está misturado. Escreva nos espaços abaixo as palavras em ordem correta. Algumas palavras já estão ali.

- sacrifício vivo
- a Deus
- agradável
- serviço
- se ofereçam
- dedicado

_____ completamente _____ como um _____ _____ ao seu _____ e _____ a ele.

Romanos 12:1

Experimente!

Presentes de Natal

Vou escrever uma lista de Natal com presentes engraçados para cada pessoa da família. Por exemplo, se alguém da família for muito sério, poderia colocar algo como "um cachorrinho".

1-_____

2-_____

3-_____

Presentes de Natal

As pessoas dão presentes diferentes no Natal. O que podemos dar para Jesus neste Natal? Você já preparou o seu presente para Ele? Ler a Bíblia e falar com Jesus em oração é a melhor maneira de descobrir o que Ele quer receber em Seu aniversário.

Falando sobre

O que você acha que Jesus quer receber em Seu aniversário? Ajude a criança a compreender que o maior desejo de Jesus é que lhe entreguemos o nosso coração e que o amemos, obedecendo às Suas palavras.

Para colorir

*Pois já nasceu uma criança,
Deus nos mandou um menino
que será o nosso rei…*
—Isaías 9:6